© 2024 Lotar Martin Kamm
Cover: Doris Mock-Kamm
Verlag:
BoD · Books on Demand GmbH,
In de Tarpen 42, 22848 Norderstedt
Druck:
Libri Plureos GmbH,
Friedensallee 273, 22763 Hamburg
ISBN: 978-3-7693-0460-2

„Viele, die sich auf den Weg der Selbstfindung machen, sind ängstlich, sie könnten ankommen." (Roger Willemsen)

Mensch, besinne dich

und andere Gedichte

Lotar Martin Kamm

Inhaltsverzeichnis

Am Scheideweg 6
Apokalypse keine Phantasy Show 7
Auf Messers Schneide 8
Auf Messers Schneiden 9
Ausbeutung um jeden Preis 10
Außer Rand und Band 11
Besser hinschauen 12
Born in the USA 13
Brasiliens Zukunft ungewiß 14
Chaos statt Frieden 15
Demokratie dahin, Autokratie im Sinn 16
Die Illusion vom friedlichen Ton 17
Diese Saat geht nicht auf 18
Eigenverschulden 19
Ein Ende in Sicht 20
Eine Welt ohne Autokraten 21
Einfach bald zu spät 22
Einfach mal die Klappe halten 23
Ein Flop on top 24
Ein Unglück kommt selten allein 25
Erneute Jagd aufs faule Pack 26
ESC alles andere als schee 27
Europas Frieden mit jähem Ende 28
Falsche Friedensengel unterwegs 29
Friedensabsicht oberste Pflicht 30
Frieden sei mit euch 31
Friedenszeiten vorbei 32
Frieden weicht Krieg 33
Fußballfieber 34
Gelassenheit an der Zeit 35
Geld regiert die Welt 36
Gewalt bricht sich Bahn 37
Gewalt gar keine Option 38
Gewalt regiert die Welt 39

Größenwahn mal wieder dran	40
Gut gebrüllt Löwe	41
Herr am Steuer	42
Herzlosigkeit macht sich breit	43
Hingeguckt statt weggeduckt	44
Hinweg ihr Putinisten	45
Hopfen und Malz verloren	46
Humor trifft Logik	47
Im Krieg wird nicht gesiegt	48
Immer schön nicken	49
Imperialismus vor lauter Verdruß	50
Irgendwann Tour de Femmes	51
Jagt sie von dannen	52
Kaum jemand überlebt	53
Kein Blick zurück	54
Keine Lösung im Chaos	55
Keine Macht selbsternannten Despoten	56
Keine Menschenrechte im Reich der Mitte	57
Keinen Raum für Ohnmacht	58
Keine Zeit	59
Kein Frieden mehr in Europa	60
Kein Raum für Despoten	61
Kein Sinn mit diesem Putin	62
Kein zurück mehr?	63
Korrektur vonnöten	64
Kurz vorm letzten Weltkrieg	65
Logische Konsequenz	66
MAGA sowas von gaga	67
MAGA – sowas von gaga	68
Make Love, Not War, hieß es mal zuvor	69
Manchmal „Alles" zuviel	70
Mensch, besinne dich	71
Momentan hinfällig	72
Musikinstrumente unter sich	73
Nazideutschland – nein danke!	74
Neue Wege am Horizont	75

Neulich bei Maischberger 76
Nichts verstanden 77
Nie zu spät 78
Patriotische Synapsen unterwegs 79
Pulverfaß Nahost 80
Schachmatt dem Springer-Blatt 81
Sagt nein, nicht nur zum Schein 82
Sinnlosigkeit 83
Soziales Gefälle gezielt gewollt 84
Spontanes Treffen 85
Tag der Deutschen Einheit 86
Trumps Kandidatur keinesfalls Makulatur 87
Verbannt vom Sport bei Mord 88
Verkehrte Welt 89
Verspielte Chancen 90
Vieles möglich 91
Viel Gerede um nichts 92
Von Einsicht keine Rede 93
Von wegen Klimakrise eine Mär 94
Von Zufall keine Rede 95
Was wäre, wenn… 96
Wegducken gilt nicht 97
Welch Hohn so manche Kondolation 98
Welch Qual jene Europawahl 99
Wenn die Wirklichkeit Ideale überschattet 100
Wenn der Haussegen schief hängt 101
Wer stoppt solche Despoten? 102
Wie lange noch? 103
Wider die Logik 104
Zu heiße Luft von manch Schuft 105

Am Scheideweg

Die Welt zerfällt,
ein Hoch auf Despoten,
Demokratie unerwünscht,
Chaos auf bestem Wege,
Kriege die Konsequenz,
keine Chance auf Resilienz.

Es regiert das Geld,
Kritik dabei verboten,
die Wahrheit übertüncht,
auf daß sie sich nicht mehr rege,
Propaganda heißt die Audienz,
hinweg mit jeder Intelligenz.

Apokalypse keine Phantasy Show

Und wenn Europa zunächst
in Schutt und Asche liegt,
werdet ihr feststellen,
daß Krieg nie eine Option sein kann,
obwohl dabei Rubel und Euros rollen,
Menschen Kriegstreibern zurecht grollen.

Und wenn die nördliche Halbkugel
in Schutt und Asche liegt,
weil Weltmächte uns atomar bekriegt,
kann von Frieden keine Rede mehr sein,
der letzte Mensch einsam und allein.

Und wenn auf zerstörter Welt
kaum noch Leben vorhanden,
hat die Natur trotzdem erneut eine Chance,
ohne den Menschen sich zu erholen.
Alles nur, weil Despoten Kriege befohlen!

Auf Messers Schneide

Haut den Despoten
mal kräftig auf deren Pfoten,
so richtig mit Elan
wie beim türkischen Sultan,
sie wollen es nicht verstehen,
dadurch Übles am Geschehen.

Schmeißt die Türkei aus der Nato,
das macht den Westen froh,
Erdogan ohnehin sich zuviel erlaubt,
dies fürs Bündnis gar nichts taugt,
laßt besser Finnland und Schweden hinein,
es wäre alles andere als gemein.

Es spitzt sich gar Böses zu,
nur wer zieht an jenen Schuh,
der verharmlosend Fake News verbreitet,
kriegerische Absichten bestreitet,
die so offensichtlich uns alle betreffen?
Ein Herr Putin tut Stalin nachäffen.

Auf Messers Schneiden

Die Natur erwacht
nach Winterschlaf,
ein Kind laut lacht
über ein rosa Schaf.

Wer hätte das gedacht,
Krieg in Europa erneut,
Putin hat ihn entfacht,
Diktator enttäuscht die Leut'.

Du schläfst nicht gut,
manch Alb wohl dabei.
Viel zu viel Wut
neben manch Allerlei.

Welch Rat sei angesagt,
ohne Trübsal zu blasen?
Wer es mutig wagt
trotz all dem Hassen?

Laß uns wehrhaft bleiben,
sonst siegt die Autokratie,
Politik muß aufzeigen
die Vorteile jeder Demokratie!

Ausbeutung um jeden Preis

Es bieten sich Chancen an,
da wäre schon was dran,
um Konflikte endlich zu lösen.
Wer waren die Bösen,
wer wollte Gutes tun?

Man sollte nicht länger ruh'n,
bis die Wahrheit ans Licht rückt.
Du fragst dich dabei ganz entzückt,
wie es im Anschluß weitergeht,
ob es vielleicht doch zu spät.

Um des Rätsels Lösung Willen
sei verraten ganz im Stillen,
vergeßt gute Vorsätze allemal,
das Bier im Glas wird schal,
zu spät wohl die Einsicht.

Denn eigentlich wäre es Pflicht,
mit der Wahrheit herauszurücken,
umsonst jedes simple Bücken,
die Obrigkeit denkt nicht im Traum daran,
sich zu ändern, weder heute noch irgendwann!

So schließt sich denn der Kreis,
weil gänzlich so ohne Scheiß,
jede Aufregung war letztlich verfehlt,
jene Klientel hat ihren Kurs gewählt,
der lautet Ausbeutung um jeden Preis!

Außer Rand und Band

Frieden verhandeln
eine Option
Landschaft verschandeln
welch Hohn
Ideen verwandeln
stetig schon

Mensch denkt
oft zu lang
Artist verrenkt
ohne bang
Gott lenkt
weil er's kann

Mutter Erde weint
hemmungslos
Die Sonne scheint
wärmend groß
Liebe vereint
jeder Krieg kurios

Besser hinschauen

Kinderarbeit bei Fastfoodkette
in den USA entlarvt,
was manch Verbraucher schafft,
ob schlanke oder fette,
hat wohl keine Bedeutung,
Hauptsache Profit am Ende,
die Wirtschaft kommt in Schwung,
eingeheimst die ein oder andere Spende.

Verantwortliche bleiben außen vor,
Schmiergelder erfüllen ihren Zweck,
wer dabei wohl Vertrauen verlor,
fragt sich die Journalie ganz keck,
Politik hat offensichtlich versagt,
ihren Job schlecht gemacht,
nicht eindringlich hinterfragt,
hat nun gewisse Wut entfacht.

Born in the USA

Das tut schon weh,
wie ein Stein auf großem Zeh,
mit Blick zum Blonden Dollen
möchte man aber grollen.

Dieser schräge Kandidat
ist sich für nichts zu schad,
Hauptsache in Mikros tönen,
er könne über alles klönen.

Dabei hat das Volk es in der Hand,
zu verhindern die zweite Schand,
doch wer ihn am Ende wählt,
den Weltfrieden erst recht quält.

Mit nem Trump im Amt
nimmt Rassismus überhand,
das mögen manche verneinen,
verlogen gar friedlich scheinen.

In Wirklichkeit die Nation gespalten,
es gibt kein Innehalten,
letztlich die USA verlieren an Bedeutung,
per Trump fehlt erst recht jeder Schwung.

Brasiliens Zukunft ungewiß

In Brasilien alles claro
so gänzlich ohne Bolsonaro?
Wir haben nichts verpaßt,
solange der noch nicht aus dem Palast!
Lula hat ganz knapp gewonnen,
doch Hoffnung bleibt verschwommen.
Bolsonaro hat vom Trump gelernt,
Extremisten jedes Vorbild umschwärmt.
Für den Regenwald keine Entwarnung in Sicht,
dessen Abholzungsstop oberste Pflicht,
weil der Klimawandel uns weiterhin bedroht,
ihn zu ignorieren, bedeutet für alle größte Not.
Klimawandelleugner und Despoten
gehören zum Schutz schlichtweg verboten!

Chaos statt Frieden

Verhandeln
um jeden Preis
Verwandeln
ohne Scheiß
Verschandeln
kann Politik
Anbandeln
im Netz ein Tick

Zusagen
nichts wert
Unbehagen
wenn man aussschert
Viele Fragen
stehen im Raum
Manch Beklagen
sieht man kaum

Sicherheit
ein dramatisches Wort
Gemeinsamkeit
verliert sich hinfort
Ewigkeit
hat keinen Bestand
Kriegsbereit
außer Rand und Band

Demokratie dahin, Autokratie im Sinn

Speichellecker fühlen sich berufen,
jede Demokratie einfach abzustufen,
frohlocken ohne Gewissensbisse,
auf daß man auf Leichen pisse,
ob Nazis hierzulande
oder in den USA jene Schande,
die den Trump simpelst hofiert,
als sei zuvor nichts passiert.

Mike Johnson schafft den Spagat,
steht nunmehr ganz locker parat,
um seine Standpunkte zu präsentieren,
diese Reps haben nichts zu verlieren,
sie wollen nach geklauter Wahl Trump zurück,
bauen auf dessen bisheriges Glück,
denn wer der Justiz nonchalant trotzt,
der bestimmt nicht zufällig protzt.

Möge uns allen jener Trump erpart bleiben,
dessen Machenschaften genug Böses treiben,
die Welt hat ohnehin nichts zu lachen,
erst recht nicht mit diesem asiatischen Drachen,
da braucht es nicht noch mehr Lug und Trug,
es fällt in den Brunnen sowieso jener Krug,
der da lautet, die Demokratie sei dahin,
Autokratie haben zu Viele im Sinn!

Die Illusion vom friedlichen Ton

Seht her, eine Vogelschar
durch die Lüfte schwebt.
Mit dem russischen Zar
wird so gar nicht frei gelebt.

Schaut weg, ein gefakter Star
eine Diktatur eiskalt anstrebt.
Keine Gewißheit, unberechenbar
wird Angst und Schrecken gepflegt.

Schreit's heraus, weltweit Kriegsgefahr
bei Menschen sich erneut einprägt.
Es überschlägt sich so mancher Kommentar,
wer wohl dabei die Verantwortung trägt.

Diese Saat geht nicht auf

Es hat klick gemacht,
zuviel Zwietracht entfacht,
bis es jetzt kracht,
hat sich ausgelacht,
Angst dabei erwacht,
Schicht im Schacht,
Atomkrieg in Betracht.

Putin dies wirklich wagt?
Kein Gewissen mehr nagt?
Egal, ob bereits betagt,
Haß dabei herausragt.
Hinterher wird sich beklagt,
keiner mehr Frieden sagt,
die Welt plötzlich verzagt?

Die Zukunft liegt im Dunkeln
etliche bereits munkeln,
Augen erschrocken funkeln,
andere besoffen schunkeln,
was denn zu tun sei.
In einer Demokratie sind wir frei,
in einer Diktatur herrscht keine Partei.

Eigenverschulden

Belauern
Kein Bedauern
Trauern
Ohne Rücksicht
Mit Absicht
Vor was erpicht
Keine Probleme lösen
Lieber vor sich hindösen
Die Guten oder die Bösen
Nichts aus der Geschichte gelernt
Sich von hehren Zielen entfernt
Im Klima die Welt erwärmt
Zukunft dahin
Macht das Sinn
Mensch wohin

Ein Ende in Sicht

Raketentests am laufenden Band,
Kim Jong-un im Größenwahn
bahnt sich zielsicher an
mit trögem Kopf durch jede Wand.

Die Menschheit wird nicht verschont,
Zerstörung wohl oberstes Gebot,
am Ende droht für viele der Tod,
Krieg seit jeher sich lohnt.

Die Schöpfung wird mißachtet,
ohne jedwedes Gewissen
Völker mal wieder beschissen,
keinesfalls nach Frieden getrachtet.

Und so schließt sich der Kreis,
von Ehrfurcht bleibt nichts übrig,
die Welt keinesfalls friedlich,
Vernichtung von Leben der Preis.

Anstatt die Lehren aus all dem Leid zu ziehen,
lassen wir die Kim Jong-uns gewähren,
halten Kriegstreiber lieber in Ehren,
vor Atomverstrahlung kann niemand fliehen!

Eine Welt ohne Autokraten

Krieg und Zerstörung
gehen schnell über die Lippen,
so manche Betörung
vermag die Stimmung kippen,
denn wer die Macht anstrebt
ohne jedwede Gewissensbisse,
in Saus und Braus lebt,
scheißt auf Bündnisse,
der nimmt all den Haß in Kauf,
verliert den Fokus auf Menschlichkeit,
setzt dabei noch einen drauf,
ist zu jeder Schandtat bereit.

Drum laßt uns Autokraten stoppen,
daß sie nie wieder agieren,
ihre Untaten direkt floppen,
keine Verbrechen mehr passieren.
Wenn wir dies nicht tun,
sie weitergewähren lassen,
werden sie nicht eher ruhen,
bis ihre Saat aufgeht vom Hassen.
Im Grunde genommen ziemlich klar,
was wir anstreben sollen,
nicht später, vielmehr jetzt in diesem Jahr.
Wir müssen es nur beherzt wollen!

Einfach bald zu spät

Einfach weitermachen per Ignoranz,
was fürn schräger Affentanz,
die Zeit wird's schon richten,
sicher doch, wie beim Dichten.

Einfach Augen zu und durch,
sagt sich auch jeder gescheite Lurch,
es zählen keine deutlichen Zeichen,
niemand kann dem Klimawandel weichen.

Einfach dem Profit eifrig frönen,
dabei in Talkshows lässig klönen,
was die Politik gar heute versäumt,
bedeutet, es hat sich bald ausgeträumt.

Einfach sich die Welt schönreden,
zu Beginn gab es doch den Garten Eden,
die Natur hat sich gefälligst anzupassen,
folglich weitermachen mit Prassen.

Einfach bald zu spät,
die Gefahr nicht von dannen geht,
Mensch hat es jederzeit in der Hand,
fährt aber Mutter Erde gegen die Wand!

Einfach mal die Klappe halten

Besserwisser wieder mal unterwegs
besonders in den Medien,
es stinkt gen Himmel
dieses Muster.

Und der Schuster?
Bleibt nicht bei seinen Leisten,
das wissen doch die Meisten!
Gerade zum Trotz,
welch tröger Frotz,
was soll jenes Geraune,
wie es so steht im Raume?

Der Bundeskanzler in der Kritik,
besonders für die Opposition ganz schick.
Dies auszuhalten das Wesen der Politik.
Hinterher sind alle schlauer,
egal wer da liegt auf der Lauer.

Ein Flop on top

Lug und Trug
keineswegs Unfug
Politik umgarnt
oft davor gewarnt
Einflüsse überall
nicht Knall auf Fall

Mensch strickt
leider ungeschickt
die eigene Misere
mißachtet die Schere
zwischen arm und reich
fürs Elitenreich

Endlich aufwachen
herzhaft lachen
Vielfalt eine große Chance
brecht besser diese Lanze
bevor Kriege alles vernichten
Herzlose uns richten

Ein Unglück kommt selten allein

Mit dem linken Fuß aufgestanden,
über den Hund gestolpert,
die Brille plötzlich kam abhanden.

Beim Kaffee aufgießen verbrüht,
Zuspätkommen so gar nicht gut,
mit viel Hetze sich trotzdem bemüht.

Der Chef mißmutig auf die Uhr schaut,
manch Kollege frechweg grinst,
dem Manne seinen Nußriegel geklaut.

In der Mittagspause in den Park gegangen,
ein Hundehaufen wurde glatt zum Verhängnis,
so viel Pech am Tag sollte jetzt langen.

Ratlos vor der Haustür stehen,
die Ex angerufen wegen dem Schlüssel,
keine Ruhe, selbst beim Fernsehen.

Des Nachts die Nachbarn müssen feiern,
jäh aus den Träumen gerissen,
über der Kloschlüssel mußt du reiern.

Am nächsten Morgen alles wieder gut,
Freundlichkeit dir den Tag versüßt,
beim linken Fuß sei auf der Hut!

Erneute Jagd aufs faule Pack

Der Linnemann, der Linnemann,
der so alles richtig kann,
der will Arbeitslose verpflichten,
ihnen Faulheit andichten,
schließlich geht's ums Bürgergeld,
dies sich zu verdienen, das zählt.

Auf die Jobpflicht
ist er nunmehr erpicht,
doch woher soll die Arbeit kommen,
fragt sich der Kritische ganz benommen,
erinnert ein wenig an Sinnlosmaßnahmen,
die beflügelten den schrägen Hartz-IV-Rahmen,
wo man das faule Pack drangsalierte,
ohne Zwang eher nichts passierte.

Deutsche Gründlichkeit
braucht es jederzeit,
wer nicht spurten tut,
den empfängt die Christenwut,
so simpel ticken die Gedanken der Union,
das kannten mit Schröder die Sozen schon,
welch frapanter Hohn!

ESC alles andere als schee

Wenn die Loreen mit Tatoo am Ende siegt,
die begehrte 67. Trophäe kriegt,
dann zieht Schweden mit Irland gleich,
beide sieben Mal auf einem Streich.

Mit Gesang hat der ESC kaum was zu tun,
scharfe Kritik wird nicht länger ruh'n,
bis driftige Argumente zählen,
selbst beim neuartigen Punktewählen.

Dabei hatte Remo Forrer friedliche Ideen,
auch die von Tvorchi ließen sich sehen,
La Zarras Stimme auf dem Turm imposant,
doch was geschah erneut mit Deutschland?

Lord Of The Lost per Dark Rock auf der Bühn',
sie meinten noch, dies sei wirklich kühn,
doch es wurde mit achtzehn Punkten der letzte Platz,
so schnell kann's gehen, ratz fatz.

Selbst die Gastgeber mit Mae Muller ganz hinten,
was bedeuten wohl beim ESC jene Finten?
Verkommen als gezieltes Musikgeschäft
er letztlich den Run aufs große Geld nachäfft!

Europas Frieden mit jähem Ende

Dieser zynische Unterton,
er spricht von einer militärischen Spezial-Operation,
als ob es keinen Krieg gebe,
man den Kampf gegen Terror anstrebe.
Dabei sind real zivile Opfer zu beklagen
seit den letzten kriegerischen Tagen,
doch Putin fühlt sich schlichtweg im Recht,
angesichts des Leids wird vielen schlecht.

Dieser grauenvolle Hohn
mit der Behauptung einer militärischen Spezial-
Operation,
die mitten in Europa tobt,
er sich und seine Helfer lobt.
Die Ukraine solle sich unterwerfen,
solch tröges Gerede kostet uns Nerven,
zumal Despoten ohnehin im Unrecht sind,
das weiß längst jedes Kind.

Der ewige Präsident wähnt sich auf einem Thron,
faselt von einer militärischen Spezial-Operation,
Europas Frieden findet ein jähes Ende,
die Ukraine nunmehr ein gefährliches Gelände.
Möge jener Krieg nicht von Dauer sein,
erst recht nicht nur so zum Schein,
schließlich gefährdet Putin den Weltfrieden,
was haben dessen Hirnzellen nur vorangetrieben?

Falsche Friedensengel unterwegs

Krieg beenden durch Verhandeln,
den eigenen Verstand verschandeln,
Biermann nennt sie Secondhand-Kriegsverbrecher,
zu Recht, sie machen sich zum Gelächter,
wer dermaßen blauäugig unterwegs,
der geht so manchem auf den Keks,
wobei das Leid in der Ukraine anhält,
Kriegsnachrichten jeden Alltag quält.

Was denken solch Unbedarfte sich dabei,
glauben wohl, sie seien der letzte Schrei,
mit Narzißmus hat dies auch viel zu tun,
wir sollten nicht länger ruh'n,
sie in die politische Pflicht zu nehmen,
auf daß sie sich gewissenhaft schämen,
schließlich geht's ums Überleben,
mitnichten nach Putins Offerten streben!

Friedensabsicht oberste Pflicht

So gar nicht geheuer,
zu stehen im Kreuzfeuer
der Kritik.
Haben wir's im Blick
oder geht's verloren?

Niemand bleibt ungeschoren.
Vertieft Gefühle und Gedanken,
manch einer dabei am Schwanken,
ob zuviel Unrecht geschieht,
weil der Mensch mal wieder flieht.

Stets läuft's aufs Gleiche hinaus,
Verlust von Land, vom eigenen Haus,
weil Hunger und Kriege belasten.
Wünsche seitens Phantasten,
daß wir besser friedfertig leben?

Klar doch, danach sollten wir streben!

Frieden sei mit euch

Irgendwann,
wenn man kann,
ernsthaft zu verstehen,
keinesfalls aus Versehen,
wird die Einsicht siegen,
Schluß mit dem Bekriegen.

Bis dahin,
welch dramatischer Sinn,
heißt es weiterleiden
wie in vergangenen Zeiten,
zuviel Blut und Schande,
nur so am Rande.

Mensch nennt sich zivilisiert,
egal, was durch ihn passiert,
meint, er sei gar klug,
welch frapanter Betrug,
statt eigene Fehler zuzugeben,
erneut nach Haß und Krieg zu streben!

Insofern bildungsresistent,
die Essenz, die man von ihm kennt,
jede andere Existenz,
so der Kern der Dekadenz,
würde mit sich hadern,
statt dummes Zeug zu labern.

Irgendwann,
lange nach dem Untergang,
mag der Rest der Menschheit,
wenn der dazu bereit,
die Welt besser gestalten,
die Liebe der Schöpfung hochhalten.

Friedenszeiten vorbei

Der Melnyk hat nen Tick,
von Diplomatie keine Spur,
wohin führt dies nur?
Der Merz ermahnt den Scholz,
voller Inbrunst ganz stolz,
von wegen Politik gut Holz!

In Kriegszeiten wird bei weitem
gern übertrieben, Herrschaftszeiten,
wo sind gute Manieren geblieben?
Das gilt es noch gezielt zu üben.
Ereignisse überstürzen sich geradezu,
Demokratien verschwinden im Nu?

Menschheit steht am Scheideweg,
das ist fatal und ziemlich schräg.
Mit Zivilisation hat's wenig zu tun,
gesunder Geist kann dabei nicht still ruh'n.
Es gilt jetzt, alle wachzurütteln,
gar keine Kriegskassen zu schütteln!

Frieden weicht Krieg

Stell dir mal vor,
es herrscht Krieg im Osten Europas,
und die Welt schaut zu,
kommt weiterhin nicht zur Ruh'.

Stell dir mal vor,
der Putin entnazifiziert die Ukraine,
und die Welt hält still,
das eigentlich niemand will.

Stell dir mal vor,
Nazis haben das real geplant,
und die Welt verharrt,
Linke in Putin vernarrt.

Stell dir mal vor,
der böse Ami diesmal nicht Schuld,
und die Welt endlich analysiert,
was da tatsächlich passiert.

Stell die mal vor,
Oligarchen haben immer Recht,
und die Welt übersieht das,
solch Ignoranz ziemlich krass.

Stell dir mal vor,
Frieden weicht Krieg,
und die Welt dreht sich weiter,
zerstört des Menschen Himmelsleiter.

Stell dir mal vor,
es ist Krieg,
und keiner geht hin,
das macht real Sinn!

Fußballfieber

Er langsam rollt,
der wichtige Ball,
das Publikum grollt,
Spieler kommt zu Fall.

Die Fußball-EM im Fokus,
andere News im Hintergrund
neben allzuviel Stuß,
manche nennen es Schund.

Medien überbieten sich allemal,
eine allgegenwärtige Stimmung,
manch Spiel wird doch zur Qual,
es fehlt die nötige Eingebung.

Zweiundzwanzig Mann auf dem Platz,
Fußball hat seine eigene Tradition,
belohnt wird meist viel Einsatz,
entsprechend beherzt oder mit rauhem Ton.

Teamgeist blitzt hie und da auf,
während andere sichtbar versagen,
so verhält es sich im Spielverlauf,
am Ende verbleiben halt Fragen.

Gelassenheit an der Zeit

Gedanken kreisen
ständig im Überfluß,
welch sinniger Genuß,
rückblickendes Reisen.

Schöpferisches Atemholen
genug Gelegenheiten ergibt,
nach langem Leben ausgesiebt,
mit Blick zurück, teilweise verstohlen.

Bloß keine Wehmut
zuviel Raum einnehmen sollte,
wer weiß schon, was man wollte,
Hauptsache es endet ohne Wut.

Geld regiert die Welt

Vorbildlich,
die Amis,
ein Präsident
vor Gericht,
oberste Pflicht
geht nicht,
kein Problem,
zu alledem
darf er gewählt werden,
so sind halt Schergen.

Die Welt
schaut
erstaunt zu.
Welch schräge Ruh'.
Vor dem Gesetz
sind nich alle gleich,
manch einer ganz reich
fühlt sich wie ein Scheich.
Im Land unbegrenzter Möglichkeiten
Mafiosi sich alles erstreiten.

Gewalt bricht sich Bahn

Gedanken kreisen unentwegt,
suchen händeringend nach Argumenten,
woran es denn läge,
daß Mensch aus Geschichte nicht lernt,
hereinfällt auf die ewiggestrigen Parolen,
ein Blick, ganz verstohlen,
schaut hin zur Jugend,
ob sie denn neugierig hinterfragt,
so vieles wurde doch bereits gesagt,
während eine Le Pen frohlockt,
mit dem Putin frechweg flirtet,
daß es einem graust,
der wie ein Zar in Moskau haust,
die Ukraine vernichten will,
ohne mit der Wimper zu zucken,
Oligarchen feiern sich und ihn,
was für ein dekadenter Spleen,
Hauptsache ihnen geht's gut,
drum sei mal schön auf der Hut,
bevor Europa erneut sich bekriegt,
am Ende dabei niemand siegt!

Gewalt gar keine Option

Den Staat erpressen völlig verkehrt.
Was hat uns Demokratie gelehrt?
Freiheit mit Respekt zu genießen,
keine Gewalt mehr laß sprießen.
Doch die Bauern in diesem Land
schreiben auf Tüchern, auf manche Wand,
die Ampel muß weg,
Rechte gar: Olaf verreck!

Solange solch Pöbeln wir zulassen,
bleibt es bei jenem trögen Hassen.
Unmut sucht gezielt so manch Ventil,
Politik davon zu jagen sein Ziel.
Wohin geht wohl solch gewagte Reise,
auf daß sie am Ende jäh entgleise?
Drum seid besser äußerst wach,
bevor das Böse noch mehr Gewalt entfach'!

Gewalt regiert die Welt

Kriege des Menschen Begleitung,
obwohl unnötig wie ein Kropf,
doch wer entfacht jene Schlachten,
wonach dem anderen trachten,
denn selbst der ärmste Tropf
liest aufmerksam mal Zeitung.

Dort entnehmen wir all die Not,
die durchleuchtet beschrieben,
weil Reichtum den Kurs bestimmt,
das weiß längst jedes Kind,
Sie meinen, dies sei übertrieben,
nun denn, warum soviel Tod?

Friedenszeiten nur ein Intermezzo,
weil Luftholen der Sinn und Zweck,
Vorbereitung fürs nächste Ziel,
zur Liebe gehört in der Tat ganz viel,
Brutalität verfolgt Abschaum, der letzte Dreck,
dadurch wird unsere Welt so gar nicht froh.

Größenwahn mal wieder dran

Hyperschallrakete,
scharf wie ne Machete,
kostet viel Knete,
wohl dem Putin es wert,
dieser davon zehrt,
ziemlich verkehrt.

Krieg seine Option,
sitzt auf einem Thron,
welch ekliger Hohn,
Hauptsache Gesicht bewahren,
war so schon bei den Zaren,
Leichen auf etlichen Karren.

Waffen sollen es richten,
erneuter Frieden mitnichten,
Schluß mit dem Dichten,
die Welt schaut zu irritiert,
was dabei so passiert,
wohl nur die Menschheit verliert.

Gut gebrüllt Löwe

Für manch einen tut's weh,
es war nämlich die SPD,
sie klopft erfolgreich auf Holz
mit der Rede vom Kanzler Scholz.

Der teilt berechtigt mächtig aus,
so kurz nach Nikolaus,
die Ampel hat's mitnichten verkackt,
weil die Krisen real vertrackt.

Energiepreis- und Klimakrise,
und das sei dabei das Fiese,
lassen sich nur gemeinsam lösen,
zumal die Union sich suhlt beim Tösen.

Russland hat illegal diesen Krieg begonnen,
sehr gezielt und so gar nicht benommen,
Demokratien seien real betroffen,
während Despoten anstießen janz besoffen.

Mit der SPD gibt's kein Sozialabbau,
dazugelernt nach Schröders oberschlau,
Konservative fordern es bei den Schwachen ein,
dies zu verhindern, bedeutet ein klares Nein.

Trotzdem meint Philipp, die Hütte brennt,
an manch Tafel ein Kind, eine Mutter flennt,
der Asylkurs greife viel zu kurz und inhuman,
das darf nicht sein, oh, Mannomann!

Dennoch hat Olaf einiges geradegerückt,
manch einer die Augen reibt, erstaunt, verzückt.
Man möchte der Ampel die Daumen drücken,
bloß nicht ein erneutes Wählerstühlerücken.

Herr am Steuer

Entspannt zurücklehnen,
die Landschaft genießen
beim Autofahren.
Was interessieren Spritpreise,
Hauptsache auf Rädern,
dem Alltag entfliehen.
Der Umwelt einfach trotzen,
andere sollen verzichten,
du brauchst das mitnichten.
Ein Rausch von Freiheit
an dir vorbeizieht
in solchen Momenten.
Keine Sorgen mehr,
belastenden Fragen entflohen
im Geschwindigkeitsrausch.
Zuhause die Realität dich einholt,
gleich zweimal geblitzt,
zu hoch das Bußgeld.
Von Reue keine Spur,
stets andere haben Schuld,
ausgebremst die eigene Ungeduld.
Morgen schon erneut unterwegs,
Lerneffekt gleich Null,
stets angeeckt auf rauhem Asphalt.
Eine Polizeikelle dich stoppt
wie schon oft zuvor,
Handschellen klicken.
In der Zelle Gedanken kreisen,
der Anwalt die Rettung in der Not,
doch von Einsicht keine Spur.

Herzlosigkeit macht sich breit

Laute Musik gehört,
manch Text empört,
die Rede von Freiheit,
Krieg und Leid.

Hauptsache Spaß haben,
im Gleichschritt traben,
bloß nicht hinterfragen,
andere haben was zu sagen.

Kritik auch nur ein Wort,
selbst bei täglichem Mord,
der nicht weit von uns geschieht,
kaum jemand richtig hinsieht.

Was interessieren Verletzte und Tote,
menschengemachte Gebote,
wenn am Ende der Stärkere gewinnt,
ein alleingelassen verhungertes Kind?

Mensch eine herzlose Killermaschine,
hofiert in nobler Limousine,
zum Führer sich erhebt,
ständig nach endloser Macht strebt.

Solange wir solch Despoten dulden,
uns per Haß und Krieg verschulden,
wird es kein Frieden auf Erden geben,
verbleibt ein ungerechtes Leben

Hingeguckt statt weggeduckt

Bloß keine Kritik,
das ist chic,
nicht nur hierzulande,
welch Schande,
in den USA
schreien sie Hurra,
wenn Trump spricht,
der neue, alte Präsi-Wicht.

Im Land der unbegrenzten Möglichkeiten,
Herrschaftszeiten, gilt bei Weitem,
wer die Kohle in den Taschen,
hat stets Erfolg, einen raschen!
Drum merke dir, du Wähler,
nicht der Nenner, wichtig der Zähler.
Der blonde Dolle hat nen Freifahrtschein,
am Ende jedes Menschenrecht ist klein.

Übertriebene Hysterie oder Realität?
Wer pennt, kommt dann zu spät.
Demokratien bald schon eine Minderheit,
es ist weltweit mal wieder soweit.
Wir schauen weg, statt Widerstand zu leisten,
das wissen letztlich die allermeisten.
Mit Ignoranz lösen wir nicht diese Gefahr,
mitnichten als blökend verängstigte Schar.

Hinweg ihr Putinisten

Diktatoren
werden nicht geboren,
sie seien auserkoren,
zu verdienen ihre Sporen,
dabei Menschlichkeit verloren,
Hauptsache herbeigeschworen,
wer widerspricht, baumelt vor Toren,
ob Junge oder Senioren,
qualvoll tief im Osten erfroren,
Gewißheit sichtbar auf Monitoren,
textlich verbessert durch Lektoren,
ratlos Moderatoren und Autoren,
wir kennen aber alle Faktoren,
Putin nicht gewähren zu lassen
in seinem Hassen!

Hopfen und Malz verloren

Dem Lindner geht's zu gut,
erntet dafür Spott und Wut,
was interessiert ihn
mit seinem snobistischen Spleen
das 9-Euro-Ticket,
er meint, igitt-igitt,
dies sei Gratismentalität,
nanu, warum so obsolet?!

Dennoch nicht verwunderlich,
weil er bekanntlich widerlich
abgehoben tönt,
manch armer Tropf stöhnt,
sich vom Lindner belehren zu lassen,
der habe doch im Schrank nicht alle Tassen.
Wer dermaßen vom Volk entfernt,
es wohl niemals mehr nicht lernt.

Humor trifft Logik

Kurze Weile traf auf Langeweile,
so geschrieben in der ersten Zeile,
den Sinn erschließen,
kannst du keinesfalls genießen,
drum prüfe, wer das liest,
ob die Logik noch im Hirne fließt.

Den Schalk im Nacken nicht vergessen,
ihm manierlich aufgesessen,
findest du dich im Tag zurecht,
manchmal nicht, weil zuvor durchgezecht,
drum sei weiterhin auf der Hut
mit nötiger Neugier und Mut.

Im Krieg wird nicht gesiegt

Stell dir einmal vor,
es ist Krieg in der Ukraine
und niemand glaubt an eine
militärische Sonderoperation,
weil zu viele Zivilisten sterben,
aber ein Herr Selinski noch lebt.
Was Putin wohl bevorschwebt,
die Welt vor Erzürnung bebt?

Stell dir einmal vor,
es gäbe kein Krieg in der Ukraine
und niemand glaubt an ein
friedliches Europa oder an eine EU,
weil Nationalismus erneut erwacht,
der Pöbel sich manches zusammenreimt.
Das Großkapital im Hintergrund schleimt,
die Mafia etwa mit der Politik vereint?

Stell dir einmal vor,
es beginnt weltweit überall Krieg
und niemand glaubt an einen
wirklichen Friedenswillen,
weil die Menschen resignieren,
eine Minderheit dennoch nicht aufgibt.
Die Hoffnung bedeutet, nicht genug geliebt,
am Ende der Überlebenswillen siegt.

Immer schön nicken

Ein Umbruch
so weit das Auge reicht
Manch blöder Spruch
sich ins Gehirn schleicht
Ein gezielter Versuch
letztlich ganz leicht

Ein Herr Trump
es simpel vormacht
Ziemlich plump
selten so gelacht
Welch fataler Jump
Schicht im Schacht

Politik dazu schweigt
wie vor hundert Jahren
Sie hat's erneut vergeigt
Kritik kannste dir sparen
Vor Geld wird sich verneigt
keine Moral und Ethik wahren

Imperialismus vor lauter Verdruß

Geistesgestörtes Handeln
zieht Krieg nach sich,
sinnloses Töten,
ohne Sinn und Verstand,
Flucht außer Rand und Band.

Beleidigt wie ein Kind
befiehlt Putin Rachegedanken,
grenzenloser Haß auf dem Weg,
Propaganda ohne Wahrheitsgehalt,
Hauptsache er die Lichtgestalt.

Kein Ende in Sicht,
die Welt verharrt ratlos,
Frieden mehr als fraglich,
Eskalationen nicht auszuschließen
in erneutem Blutvergießen.

Irgendwann Tour de Femmes

Welch Elegance
bei der Tour de France,
jeder hat seine Chance,
Frauen fahren nicht mit,
zu langsam ihr Antritt
oder weniger fit,
Radsport mit Extraklassen
sollte dennoch aufpassen,
weil Frau kann's nicht lassen,
möchte berechtigt mitmischen,
läßt sich nichts auftischen,
möchte nicht im Trüben fischen,
drum laßt den Geschlechterkampf,
vor allem ab gar mächtigen Dampf,
ist ohnehin ein einziger Krampf.

Jagt sie von dannen

Kaum zu glauben,
was da vor unseren Augen geschieht,
warum der Mensch einfach flieht,
seine Freiheit sich läßt berauben.

Unfaßbar viel Haß sich entlädt,
Gespräche verhallen ungehört,
angeblich die Presse stört,
für Frieden ist's nun zu spät.

Die Luft erfüllt von lauten Tönen,
traurige Stimmung greift um sich,
kein Ausweg, schlichtweg widerlich,
etliche lieber der Gewalt frönen.

Demokratien in Gefahr,
weil Rechtspopulismus auflebt,
man wieder einen Führer anstrebt,
wie schon so oft zuvor geschah.

Aufgepaßt, ihr Leut',
laßt uns äußert wachsam sein,
wir stehen letztlich nicht allein,
noch entscheiden wir hier und heut'!

Kaum jemand überlebt

Was geht,
wenn die Erde sich dreht?
Nie zu spät,
wenn ein Sturm weht.

Gen Himmel ein Stoßgebet,
im Krieg Mensch fleht.
Hört hin und seht,
was ihr habt gesät!

Welch kriegerisches Gerät,
Reden total aufgebläht.
Was Politiker wohl so tät
mit einer geringeren Diät?

Niemand es dir verrät,
es gibt kaum Solidarität.
Fraglich, wer dabei wen berät,
welch tragische Realität.

Kein Blick zurück

Flashbacks gehen auf die Reise,
in irgendeiner Weise, eher leise,
suchen sie gezielt Wege.

Woran dies wohl läge,
fragst du dich erstaunt,
dein Gedächtnis dir zuraunt,
laß es einfach still fließen,
nicht grübeln, sondern genießen.

Ob sie einen Sinn ergeben,
wonach sie letztlich streben,
mag dir verborgen bleiben,
das Leben dich weiterhin antreiben.

Keine Lösung im Chaos

Die Deutsche Bahn,
mit der man reisen kann,
kommen wir pünktlich an,
irgendwann?

Auf langer Strecke ein Graus,
so weit weg von zu Haus,
wird am Ende ein Schuh daraus,
läuft über die Leber manch Laus?

Der ÖPNV soll einfach funktionieren,
stattdessen wir öfters kollabieren
beim Benutzen oder Probieren,
Politik dabei am Stagnieren?

Vom unentwegten Konsum
verdonnert zum Nichtstun,
gibt es so gar kein Ausruhen,
latschen wir am Ende in Schuhen?

Der Weg sei das Ziel,
tatsächlich verlangt ganz viel,
zu bleiben hierbei stabil
mit Verantwortung und Gefühl.

Keine Macht selbsternannten Despoten

Man um Tumult buhlt,
der wird zum Kult,
Freiheit somit beschränkt,
viele einfach erhängt,
Revolte sie es nennen,
Scheiterhaufen wieder brennen,
Demokratie erleidet ihr Ende,
gefesselt die Gutmenschenhände,
während Nazis erneut frohlocken,
haßerfüllt und unerschrocken.

Soweit muß es nicht kommen,
daß jene Kräfte sich wieder sonnen
per selbsternannter Macht,
Schweigende dies dann vollbracht,
ihnen nicht Paroli zu bieten,
jenen geistig verschrobenen Nieten.
Worauf folglich noch warten?
Wir trotzen selbsternannten Harten,
die nichts anderes als Haß im Sinn.
Der führt zu Mord und Totschlag hin!

Keine Menschenrechte im Reich der Mitte

Alles relativ,
Menschenrechte
viel zu spekulativ,
China bestimmt den Weg
über Menschenrechte,
ziemlich schräg,
mit zweierlei Maß zu messen
bei Menschenrechten,
Xi läßt sich nicht stressen.

Despoten per politischem Einerlei,
Menschenrechte zählen nicht,
dieser grausame Spuk nie vorbei,
Gründe werden schnell gefunden,
Menschenrechte zu mißachten,
egal in welchen politischen Runden.

Keinen Raum für Ohnmacht

Die Welt gerät aus den Fugen,
Gewalt soweit das Auge reicht,
Nachrichten sich überschlugen,
Mensch auf Krieg geeicht.

Anstatt friedlich zusammenleben,
Lug und Trug der Alltag,
was soll jenes bösartige Bestreben,
woran das nur wieder lag?

Kein Blick in die Vergangenheit,
die Zukunft scheinbar vielen egal,
solch Gebaren alles andere als gescheit,
Menschheit schreitet durchs finstere Tal.

Man fragt sich, ob Lösungen in Sicht,
Geduld uns auf eine harte Probe stellt,
wichtig dabei manch Gericht und Verzicht,
vielleicht uns dies das Gemüt erhellt.

Wie können wir Frieden gestalten,
wenn Waffen weiterhin produziert,
es wußten bereits schon unsere Alten,
daß am Ende die Hoffnung verliert.

Keine Zeit

Keine Zeit zum Reden
dafür etliche Fehden
Keine Zeit zum Schlafen
dafür Opfer begaffen
Keine Zeit für Frieden
dafür sich bekriegen
Keine Zeit zu teilen
dafür in Palästen verweilen
Keine Zeit zu lieben
dafür fremd getrieben
Keine Zeit zum Träumen
dafür vor Haß schäumen
Keine Zeit verantwortlich zu sein
dafür Lügen nur so zum Schein
Keine Zeit Kinder zu erziehen
dafür in andere Beziehungen fliehen
Keine Zeit
so gar nicht bereit
alles andere als gescheit

Kein Frieden mehr in Europa

Umgedreht,
gen Himmel gefleht,
viel zu spät,
nichts mehr geht,
rien ne va plus,
Sirenen per tatü.

Nachgefragt,
das Gewissen nagt,
Putin angeklagt,
Haß herausragt,
Ohnmacht sich anbahnt,
das Glück davongerannt.

Zurückgelehnt,
nach Frieden sich sehnt,
Gespräche ausgedehnt,
Krieg die meisten lähmt,
welch tragische Zeit,
es ist mal wieder soweit.

Kein Raum für Despoten

Wir heben das Glas,
haben dabei kein Spaß.
Aus welchem Anlaß?
Freude oder jenem Haß?

Die Politik bemüht uns alldieweil,
manche hadern, andere finden's geil.
Jeder trägt dazu seinen Teil,
Demokratie vs. Autokratie der Keil.

Während Medien Trump erheben,
tobt weiterhin angespanntes Leben,
zuviele Fragen uns bewegen,
wohin mögen die USA wohl streben?

Die Welt täte gut daran, nicht irgendwann,
sich ihrer Aufgabe zu besinnen, Mannomann,
wer was denn wirklich gut kann,
statt abzuwarten, wie gelähmt in Bann!

Insofern allen Despoten haut auf deren Pfoten,
stoppt jenes lächerliche Ausloten,
diese unsagbaren bösartigen Schoten,
die gehören letztlich weltweit verboten!

Kein Sinn mit diesem Putin

Haut den Despoten
auf ihre dreckigen Pfoten,
sie wollen nur ausloten,
egal ob etlicher Toten,
Proteste seien verboten.

Der Putin ruft auf zum Krieg,
glaubt an einen Sieg,
die Wahrheit sei eine Lüg',
der Westen uns alle betrüg',
so dessen gezielte Rüg'.

Die Russen ahnen längst den Betrug,
haben von Putins Propaganda genug,
steigen nicht auf dessen Zug,
zu Boden fällt der volle Krug,
am Ende wer wohl wen dann schlug?!

Die Welt hat all die Gewalt so satt,
Mensch fühlt sich wie eine kranke Ratt',
Krieg fand viel zu oft schon statt,
Herrscher stehen vorm Schach matt,
sie handeln verlogen, zu aalglatt!

Kein zurück mehr?

Dominanz
sucht Wege
der Entfaltung,
Krieg ihr
erklärtes Ziel,
auf daß sich
nichts mehr rege,
Hauptsache Sieg,
Verluste einerlei,
Frieden ihr wohl zuviel.

Demokratie
ein Dorn im Auge
bei Herrenmenschen,
die ihre Macht
ausleben wollen,
Böses ganz entscheidend
alles Gute aussauge,
einer Diktatur entspricht,
in der jede Meinung unterdrückt,
Gefangene in allzu engen Stollen.

Phantasie
bald schon verbannt
auf Erden,
tristes Dasein vorbestimmt,
wer dies verhindern will,
auf daß Widerstand erfolge,
bevor alles dann verbrannt,
der hat diese Gefahr unterschätzt,
sich untergeordnet,
einem despotischen Drill!

Korrektur vonnöten

Abhängigkeit per Technik
vorhanden.
Welch perfider Trick,
kein sicheres Landen.

Lösungen eigentlich präsent,
doch in Vergessenheit.
Fortschritt greift sehr latent,
alles andere als gescheit.

Der Staat läßt sich erpressen,
keine Meldung darüber.
Hat Politik längst vergessen,
sie wäre eigentlich klüger.

KI klopft bereits an die Tür,
gefährlich nah und gar nicht fern.
Was kann Mensch bloß dafür,
daß er folgt stets solch Herr'n?

Möge jene Zeit ein Ende nehmen,
bevor es gibt kein Zurück.
Wir brauchen uns nicht zu schämen,
wenn wir träumen vom realen Glück.

Kurz vorm letzten Weltkrieg

Wahnsinn hat ein altbekanntes Gesicht,
die Geißel der Menschheit,
wir wissen alle darüber Bescheid,
bis hinein in dieses Gedicht.

Jene Macht übt keinerlei Verzicht,
sie sieht nur eigene Vorteile,
hat mit dem Morden sehr viel Eile,
steht nicht vorm Jüngsten Gericht.

Über diesen Putin jetzt alle Welt spricht,
Demokratie ihm ein Dorn im Auge,
eine Presse, Meinungen er nicht erlaube,
manch Speichellecker ihm zu Fuße kriecht.

Da hockt er nun, der russische Wicht,
morgen rollen Panzer prunkvoll durch Moskau,
er glänzt mit Stab wie der größte Pfau,
meint, der Krieg gen Ukraine sei seine Pflicht.

Jener Weltkriegsgedanken unheimlich besticht,
Bösartigkeit trotzdem stets entlarvt ans Licht gezerrt,
egal wie dreist dieser selbsternannte Herrscher plärrt,
weil solch Gebaren nicht dem kosmischen Gesetz
entspricht!

Logische Konsequenz

Alles klar,
hurra,
der August ist da.
Nanu, nana,
mal Sommer war?
Aber in diesem Jahr
es anders geschah.
Nichts mit Klimawandel
die einen sagen.
Noch Fragen?
Aber sicher doch,
Unverstand das Joch.
Denn zu späte Einsicht
nichts Gutes verspricht!
Wer die Logik ignoriert,
dem allerhand passiert.
Insofern aufgepaßt
mit übereilter Hast
sich in Sicherheit zu wiegen.
Von wegen alles Lügen,
die Katastrophe naht,
es rächt sich die tröge Saat.

MAGA sowas von gaga

Make America Great Again,
so der neue Slang,
den der Blonde Dolle ins Leben rief,
Hauptsache bei ihm geht nichts schief.

Sie fragen sich, warum diese Kritik,
der Slang deutet doch ganz schick,
worauf er wohl hinauswill,
es bleibt dabei nüchtern schrill.

Nicht die USA mögen partizipieren,
er hat wohl manches zu verlieren,
zum zweiten Mal als Präsident
fühlt er sich nunmehr confident.

Doch die Realität schaut ganz anders aus,
neben dessen herbeizitierten Applaus,
in dem er sich gerne badet,
dabei erneut der Nation, der Welt schadet.

Das Dumme nur sind jene schrägen Wähler,
die nichts wissen wollen von manch Fehler,
immer schön dem Führer huldigen,
hinterher gibt es eh nichts zu entschuldigen.

Make America Great Again
alles andere als wirklich schön.
Wir können darauf unbedingt verzichten,
schluß mit diesem üblen Vernichten!

MAGA – sowas von gaga

Das Land der unbegrenzten Möglichkeiten,
darüber läßt sich vorzüglich streiten,
denn es läßt nicht zu, bei weitem,
Herrschaftszeiten,
um uns vehement vorzubereiten,
diese Nation gerecht zu leiten.

Davon will jener Mafiaboß nichts wissen,
sondern stets die eigene Fahne hissen,
um ganz schräg und beflissen
auf die Demokratie zu pissen,
im Internet Biden überall zu dissen,
man solle ihn simpelst vermissen.

Egal ob jener Blondschopf angeklagt,
an dessen Imperium wird genagt,
Hauptsache niemand es ernsthaft wagt,
egal was er zu den Medien sagt
oder gar ihn gezielt ausfragt,
er fühlt sich im Recht ganz betagt.

Jene USA sollten sich die Frage stellen,
erst recht in solchen Fällen,
warum nicht schlafende Hunde bellen,
statt der Wirklichkeit zu erzählen,
Gerechtigkeit auszuwählen,
um Menschlichkeit zu stehlen.

So schließt sich letztlich der Kreis,
ganz direkt und ohne Scheiß,
stoppt sofort jenes Geschmeiß,
setzt ihn auf ein leeres Gleis,
zu hoch wäre für viele der Preis,
wenn wieder regiert jener fiese Greis.

Make Love, Not War, hieß es mal zuvor

Nicht zu schaffen,
Frieden ohne Waffen,
da mögt ihr clever gaffen,
Angriffskrieg heißt Raffen,
Zerstörung ohne Mitleid,
seid ihr etwa dafür bereit?

Frieden schaffen ohne Waffen,
funktioniert nur,
wenn keiner welche hat,
doch auf weiter Flur
heißt es längst Schach matt,
keine Friedenspfeife paffen.

Make Love, Not War,
hieß es mal zuvor,
wer nicht kämpft, hat verloren,
werden wir etwa dafür geboren,
sich zu opfern für jenen Haß?
So ein Leben macht dann kein Spaß!

Manchmal „Alles" zuviel

Wenn Medien im Stundentakt
Artikel schreiben,
was soll dabei nur übrigbleiben,
Herrschaftszeiten?!

Drei Mal Alles in der Überschrift,
zuviel des Guten,
was für eine schräge Drift
möchte man da vermuten.

Um sie beim Namen zu nennen:
Alles erinnert[1], Alles läuft schief[2]
und Alles für Deutschland[3],
zum Davonrennen.

Drum liebe Medien, verzeiht die Kritik,
aber solches läßt sich vermeiden,
es wäre doch mal schick,
sie euch hiermit anzukreiden.

1-https://www.t-online.de/unterhaltung/stars/id_100387472/dieter-hallervorden-mit-eklat-vom-holocaust-ueberlebenden-zum-israel-kritiker.html

2-https://www.t-online.de/nachrichten/ausland/krisen/id_100386650/annalena-baerbock-beim-g7-treffen-in-italien-ein-fatales-signal.html

3-https://www.t-online.de/nachrichten/panorama/kriminalitaet/id_100387284/afd-bjoern-hoecke-vor-gericht-alles-fuer-deutschland-.html

Mensch, besinne dich

Manchmal kein Licht am Horizont,
Fragen verblassen unbeantwortet
während der Einschlafphase,
in Träumen irrationales Handeln
die Wirklichkeit entrückt,
schweißgebadetes Erwachen
holt dich zurück,
ohne Lösungen aufzuzeigen.

Manchmal Rückerinnerung
an andere Zeiten,
wo noch Hoffnung bestand
trotz wirrer Zustände,
zumindest nachvollziehbar
im Kalten Krieg
zwischen Ost und West,
Medien, Politik und Ablenkung.

Manchmal die Sehnsucht
nach friedlichem Miteinander,
kein Reichtum gegen Armut,
Krieg und Terror Geschichte,
Mutter Erde im Einklang mit uns,
der Blick nicht ins All,
dafür scharfsinnig liebevoll
jedermann Gutes zu gönnen.

Momentan hinfällig

Einverstanden
bedenkenlos
einmalig
empfinden wir
ohne Gewissensbisse
jederzeit
das reinste Vergnügen
beim Stibitzen
von Ideen

Während
dein Gegenüber
grübelnd
dich beobachtet
ohne Unterbrechung
fast schon offen
dich zu bestehlen
Ablenkung
die Umwelt bietet

Musikinstrumente unter sich

Stille im Proberaum,
die letzten vier Stunden ein Grauen.
Doch nur warum?
Erzählt, sei's drum.

Die Fender viel zu laut,
daß es einem vom Hocker haut.
Die Bass Drum nicht punktgenau,
wann macht Kalle sich mal schlau?

Ollis Baß wirkte entscheidend zu lahm,
woher wohl dessen Ärger kam?
Die Keys keineswegs stimmig genug,
Matse wittert bereits Betrug.

Dessen Gesang war ohnehin für die Tonne,
bei der Probe entstand so gar keine Wonne.
Am Ende die Band genervt von dannen zog,
niemand hatte mehr für heute Bock.

Doch die Instrumente erfreuten sich,
endlich kein Klang mehr so widerlich.
Sie spielten ohne ihre Meister gute Musik,
ganz schön sweet, der Beat.

Nazideutschland – nein danke!

Was sollen jene schrägen Prognosen,
Rechtsextreme längst drauf anstoßen,
während Demokratie in Frage gestellt?
Wer wohl hierbei ein Urteil fällt?

Bestimmt nicht der verschlafene Wähler,
der sieht in der Ampelregierung den Fehler.
Dabei nehmen Probleme explizit überhand,
sie zu ignorieren eine frapante Schand'.

Ob Corona, Ukraine-Krieg oder die Klimakrise,
nicht leicht lösbar, aber Haß und Hetze das Fiese,
um damit Stimmengewinne zu erlangen.
Diese Nazipartei bleibt einfach unbefangen.

Schließlich obsiegt mittels trögen Phrasen,
ganz ähnlich wie durch Foulspiel auf manch Rasen,
die Dummheit erneut mitten in Europa,
so wie das einst vor hundert Jahren mal geschah.

Aufrecht wache Bürger sind daher gefragt,
bevor manch rechter Büttel die Demokratie verjagt.
Wer hierbei Nazischergen leichtsinn gewähren läßt,
wacht auf im Faschismus - stoppt sie im Hier und Jetzt!

Neue Wege am Horizont

Einst waren wir
angetreten,
vollkommen ungebeten,
im Jetzt und Hier,
um still zu beobachten,
was die Zeit so verlangt,
an Meldungen so rankt,
schräge News nur so krachten.

Langsam naht der Abschied,
der stets letztlich feststand,
ein stillschweigend leises Band,
vor dem niemand flieht,
kein Blick zurück,
die Zukunft weiß den Weg,
bietet uns den sicheren Steg,
wohlan zum neuen Stück.

Neulich bei Maischberger

Wenn Dummheit verstohlen grinst,
der Tod schlicht um die Ecke linst.
Manch rechte Recken
mögen sich gern verstecken,
doch sie werden entlarvt,
da sichtbar unbedarft.

Ob in Talkshows oder auf Podien,
sie können der Wahrheit nicht entflieh'n,
Massen von Menschen auf den Straßen,
die protestieren gegen deren Hassen.
Dennoch üben sie sich in Selbstgefälligkeit,
nicht nur hierzulande ist's mal wieder soweit.

Drum laß uns ihre Schandtaten benennen,
diese kann jeder sehr leicht erkennen,
der nur ganz genau hinschaut.
Und wer sich dennoch nicht traut,
sollte mal gewissenhaft in sich kehren,
es geht dabei nicht ums Belehren.

Nichts verstanden

Bist kleinkariert,
redest ungeniert,
egal was passiert,
von deiner Gerechtigkeit,
es wird höchste Zeit,
daß du wirst gescheit!

Dein Denken stagniert,
der andere bereits verliert,
obwohl manch einer sortiert,
welch dramatische Ewigkeit,
bist dennoch nicht bereit,
ziehst lieber vor den Streit.

Erneut Armut gezielt hausiert,
Reichtum ihr das diktiert,
er pompös flaniert,
Mensch weiterhin nicht gescheit,
lieber blöd nach Krieg schreit,
es ist mal wieder soweit!

Nie zu spät

Protest,
ein Fest
vom Rest,
dich handeln läßt.

Rebellion,
ein scharfer Ton
vom Hohn,
nieder mit jedem Thron.

Wut,
manch Brut
findet's nicht gut,
seid daher auf der Hut.

Wandeln,
ohne Verschandeln
müßt ihr handeln,
mit Gutem anbandeln.

Keine Not,
das sei das Gebot,
entrinnen dem Tod,
der sonst sofort droht.

Patriotische Synapsen unterwegs

„Macht über alles,
Hauptsache wir sind die Herren,
schießen auf Kinder,
kein Problem,
genauso wie Folter,
weil wir Nazis bekämpfen,
Putin es uns befiehlt,
wir gehorsamst töten,
selbst ein AKW als Festung
uns einfach dient,
wir haben's vermient,
sollen sie uns doch angreifen,
dann wird Europa verstrahlt,
unser Opfer sei gewiß,
heldenhaft und voller Demut,
alles wird gut",
betonen russische Soldaten.
Sie riechen nicht den verlogenen Braten!

Pulverfaß Nahost

Das Überraschungsmoment auf ihrer Seite,
der Mossad wußte nicht Bescheid,
massakrierte die Hamas Zivilisten,
es ist mal wieder soweit,
blutige Menschen in Tüchern und Kisten.

Schon frohlocken die Mullahs im Iran,
was von langer Hand geplant,
endet bald in diesen Kriegswahn,
welch dramatisch bösartige Schand'.

Raketen gen Israel ausgerichtet,
die dessen Zerstörung bringen sollen,
Weltkriegsgedanken sich verdichtet,
kann verhindert werden, wenn wir es wollen.

Russland und China lauern im Hintergrund,
den bösen Ami vor geistigem Auge,
Haß und Vergeltung aus faschistischem Mund,
manch Fakenews für jene Saat wohl tauge.

Pulverfaß Nahost lang brachlag,
Anlaß genug für Bedachtsamkeit,
die freie Welt jetzt bis ins Mark erschrak,
es geht dabei um unser aller Freiheit.

Schachmatt dem Springer-Blatt

Wenn Medien hetzen,
durch Meinungen verletzen,
hat Politik zu handeln,
Schluß mit solch Verschandeln.

Mit Zensur hat's nichts zu tun,
Verantwortung sollte nicht länger ruh'n,
bis böse Zungen verstummen,
ihnen Konsequenzen aufbrummen.

Kein schützendes Schild
für jenes Hetzblatt BILD,
dessen Schaden ohnehin viel zu groß,
sich fühlt als Medienkoloß.

Sagt nein, nicht nur zum Schein

Was ist bloß los in aller Welt?
Es regiert weiterhin das Geld.
Egal wer wie wo wählt,
die Demokratie am Ende fehlt.

Wollen wir das echt zulassen,
ständig furchtlos andere hassen,
per Übermaß im Wohlstand prassen,
der Mob bereits lauert in Straßen?

Faschismus längst auf Wegen,
kaum Widerstand will sich regen,
es hilft kein christlicher Segen,
wenn Mafiosi Politiker hinwegfegen.

Nichts gelernt aus der Geschichte,
wer anmahnt, ob direkt oder per Gedichte,
stets Gewalt übernimmt im faden Lichte,
ihre Losung lautet: Freiheit vernichte!

Drum sagt nicht nur zum Schein nein,
sondern laßt endlich in eure Köpfe rein:
Diese Entwicklung darf nimmer sein,
weder geheim noch allgemein!

Sinnlosigkeit

Diskussionsbedarf
allerorten
mit vielen Worten
rattenscharf

Bedingungslos
lieben
Verständnis riesengroß
Migranten vertrieben

Uneinigkeit
auf dem Vormarsch
trotz aller Zeit
Welt am Arsch

Einsicht
verlorengeht
Keine Pflicht
niemals zu spät

Ziellosigkeit
um sich greift
Mensch nicht gescheit
Haß ausgereift

Soziales Gefälle gezielt gewollt

Immer schön nach unten treten,
funktioniert seit ewigen Zeiten,
bloß nicht die Reichen besteuern,
welch konservative Haltung,
das sorgt für Spaltung,
dieses bösartige Befeuern,
auf hohem Roß zu reiten,
sanktionieren, ungebeten!

Was der kleine Mann versäumt,
daß der Große einfach auslebt,
Hauptsache nach oben buckeln,
Mensch mal wieder versagt,
dafür engstirnig klagt,
in Chefetagen gibt's kein Ruckeln,
dort wird nach anderem gestrebt,
von sinnlosem Reichtum geträumt!

Die Moral der realen Geschicht'
kann uns gestohlen bleiben,
weil die Wahrheit nicht schmeckt,
dann lieber einfach wegducken,
statt mal genauer hinzugucken,
wo manches schlichtweg verreckt
bei solch arrogantem Treiben.
Wer's beherzt anficht?

Spontanes Treffen

Faden verloren
im Gespräch,
übergangslos
Thema gewechselt,
das Gegenüber
stellt sich drauf ein,
Nachbarn lauschen,
ohne es zu wollen,
Tischerücken angesagt,
die Runde wächst,
Gelächter im Grünen,
Musiker mit dabei,
Stimmung sucht
Austausch von Kochkünsten,
während Kinder spielen,
Hunde bellen,
Party mal anders,
ungeplant, sehr spontan,
Wochen später noch
Gesprächsstoff im Kiez.

Tag der Deutschen Einheit

Es ist mal wieder soweit,
überall Uneinigkeit
am Tag der Deutschen Einheit,
viele haben keine Zeit,
manche sind so gar nicht bereit,
sorgen für entsprechendes Leid,
gefühlt seit einer Ewigkeit.

Es ist ein Offenbarungseid,
der führt zu all dem Streit
am Tag der Deutschen Einheit,
was sich dabei wohl einreiht,
nach Ungerechtigkeit schreit
bei jedweder Gelegenheit,
von wegen Weltoffenheit.

Trumps Kandidatur keinesfalls Makulatur

Möge dieser Kelch an uns vorüberziehen,
wir diesem Schreckgespenst entfliehen,
ein Trump erneut im Weißen Haus,
tragisch im Gegensatz zu Santa Claus,
denn während dieser uns beschenkt,
beim blonden Dollen wirste gehenkt.

Übertriebene Hysterie oder traurige Wirklichkeit?
Es wird daher allerhöchste Zeit,
Alarmglocken schellen zu lassen,
schluß mit Fakenews und maßlosem Prassen!
Wer das Capitol erstürmen lassen will,
wahrlich, der ist so richtig schrill.

Während dessen Gegner sich fürchten müssen,
Rassismus und Gewalt regiert dann ganz beschissen,
möchte man den Europäern dringend anraten,
sie mögen nicht auf ein Wunder warten,
weil mit Trump an der Spitze der USA
hätte ein Putin Generalvollmacht, - alles klar?!

Verbannt vom Sport bei Mord

Der Ball, der rollt,
auch wenn die Welt gar grollt,
Hauptsache Fußball spielen
unter möglichst vielen.

Der Krieg nicht zählt,
doch unbedingt das Geld,
der schnelle Erfolg,
Putin schwebt auf einer Wolk'.

Fußball-EM in sechs oder zehn Jahren,
so der Wunsch des russischen Zaren,
auf die Vergeßlichkeit will er bauen,
doch die Welt sollte ihm nie mehr trauen.

Vorbei seine politische Zeit,
er ging schlichtweg viel zu weit
mit jenem häßlichen Angriffskrieg,
seinem selbsternannten Sieg!

Der Ball hinwegrollt,
sich letztlich davontrollt,
solch Verbrechen unverzeihlich,
unentschuldbar und widerlich!

Verkehrte Welt

Wenn ein Trump frei herumläuft,
das Böse obsiegt, das Gute absäuft,
dann stimmt etwas nicht,
weil nicht Gott, sondern der Teufel spricht.

Wenn Nazis im Deutschen Bundestag sitzen,
diese ungeniert auf Plätze flitzen,
dann dulden wir dies ohne Sorgen,
was geschieht dann morgen?

Der Faschismus kehrt bald zurück,
von Demokratie gibt's kein Stück,
es herrscht wieder ein harter Ton,
nichts aus der Geschichte gelernt, welch Hohn.

Wenn die letzte Generation als Terror benannt,
hat sich die Politik total verrannt,
dann bestimmt das Klima des Welten Lauf,
das Sterben nimmt überhand zu Hauf.

Wenn aber Nazis und ein Trump eingesperrt,
manch Konservativer deshalb tröge plärrt,
laß sie in ihrer Unwissenheit toben,
es wurde schon genug gelogen.

Verspielte Chancen

Mutter Erde lacht über uns,
während wir vieles zerstören,
rücksichtslos ohne Scheu,
das Wetter verrücktspielt.

Klimaleugner negieren,
was doch so offensichtlich,
aber Hauptsache viel Fun,
die Regierung habe Schuld.

Mutter Erde weint über uns,
während die Umwelt leidet,
das Artensterben zunimmt
wie ein justiertes Uhrwerk.

Verschwörungen keimen auf,
die jedwede Realität verkennen,
aber Hauptsache Widerstand,
am Ende Gewalt obsiegt.

Wir haben das Paradies auf Erden,
ohne es wirklich zu begreifen,
wie sonst kann Mensch so wüten,
statt das Leben sinnvoll zu behüten?!

Vieles möglich

Reisen ins Ungewisse,
ziellos, aber vertrauensvoll,
Bereicherung auf vielen Ebenen,
Eindrücke, die haftenbleiben,
Wege voller Erkenntnisse.

Seßhaft sich niederlassen,
Kontakte knüpfen
mit oder ohne Vorurteile,
friedliches Auseinandersetzen,
Nachbarn treffen.

Zusammenleben eine Aufgabe,
die uns in Bewegung hält,
ob auf Reisen oder an einem Ort,
allein oder mit der Familie,
es menschelt, besser friedlich.

Viel Gerede um nichts

Prominente unter sich,
einfach widerlich
dieses Suhlen und Buhlen
ohne Unterlaß
bereitet ihnen wohl Spaß,
sie fühlen sich als die Coolen,
wer macht den größten Stich,
schlichtweg lächerlich.

Politikprominenz
unterwegs ohne Karenz,
schaut aufs Volk verstohlen,
wundert sich über Haß,
meint, das sei kraß,
es helfen keine leisen Sohlen,
erst recht nicht bei Pestilenz,
schluß mit faulem Lenz.

Der einfache Bürger hinterfragt,
was die da oben haben gesagt,
ganz gezielt,
weil die Not das verlangt,
es an mancher Wand prangt,
egal wer dabei schräg schielt,
sich weiterhin zurecht beklagt,
daß Politik ständig vertagt.

Von Einsicht keine Rede

Wenn ein Tornado durch die Straßen wütet,
dann sind wir nicht mehr wohlbehütet,
Panik macht sich sofort breit,
wird manch einer jetzt gescheit?

Wenn der Klimawandel offensichtlich tobt,
dann wird dennoch einfach weitergelobt,
kein Umdenken in Sicht,
es gäbe ihn schlicht nicht.

Wenn Wetterextreme weiterhin zunehmen,
dann sollten all diejenigen sich schämen,
die bisher warnende Stimmen ignorieren,
aber Hauptsache Geschäfte florieren!

Von wegen Klimakrise eine Mär

Nicht Ermahnende und Unkenrufende
an den Pranger stellen,
sondern all jene, die schweigen,
nicht handeln, ignorieren.
Wir alle werden verlieren,
wenn es in jenem Trott weitergeht,
dann ist es per se zu spät!
Es wird sich sehr hart zeigen,
ohne ein dramatisches Urteil zu fällen,
Klimawandel der Extreme, Waldbrände.

Die letzte Generation mag ärgerlich sein,
erzeugt Unverständnis und Wut,
wobei FFF noch harmlos dagegen war,
Schulschwänzen wurde verziehen.
Die nahe Zukunft bedeutet Fliehen,
die Zeit läuft uns schon lang davon,
egal wie aggressiv so manch Ton.
Handelt sofort – alles klar?!
Seid gewarnt, auf der Hut,
kaum jemand warnt nur so zum Schein!

Von Zufall keine Rede

Potzblitz, was für'n Witz,
dieser Trump, so was von plump,
will zum zweiten Mal
als Präsident glänzen,
das Getränk im Glas schal,
wie in Schulzeiten eher schwänzen,
so das entsetzte Gefühl
im politischen Gewühl!

Wer hätte das gedacht,
es in den USA so kracht,
das Volk sich blenden läßt
trotz Demokratie und Freiheit,
im neuzeitlichen Jetzt
ist's mal wieder soweit,
eine einzige Farce,
niemals zum Spaß!

Die Welt hält den Atem an,
Autokraten sind erneut dran,
um ihre Macht auszuspielen,
zu viele Opfer in deren Visier,
die reihenweise tot umfielen,
das alles für diese Gier,
wo Geld die Welt regiert,
Armut dabei stets verliert!

Was wäre, wenn...

Eigentlich wollen Menschen friedlich leben,
doch in Wirklichkeit gibt es Kriege.

Eigentlich zerstören Kriege so ziemlich alles,
doch in Wahrheit wäre Frieden angesagt.

Eigentlich könnte die Welt viel friedlicher sein,
doch Mensch strebt ständig nach Reichtum.

Eigentlich führt Ausbeutung stets zu Ungerechtigkeit,
doch die Politik schützt die Würde des Geldes.

Eigentlich gehören Besitztum und Geld abgeschafft,
doch es wird sich genau an diesem geklammert.

Eigentlich sind Superreiche real ganz einsam,
doch sie wollen einfach mit niemand teilen.

Eigentlich gönnt uns Mutter Erde ein Paradies,
doch wir erkennen weiterhin nicht die Schöpfung.

Wegducken gilt nicht

Wenn die Junge Union
gar schon
den Nazis gratuliert,
völlig ungeniert,
wiederholt sich deutsche Geschichte
scharf betrachtet bei Lichte.

Und wie reagiert die verantwortliche Politik?
Sie wagt keinen gezielten Überblick,
welch ein fatales Zeichen,
wofür mag das jetzt wohl reichen?
Dem rechtsradikalen Geschmeiß
freuts's, so mal ganz ohne Scheiß!

Die Medien berichten darüber nüchtern klar,
genauso wie es schon früher so war.
Doch was hat das für Konsequenzen,
Vergeßlichkeit beim Geschichte-Schwänzen,
wie blickt Europa, die Welt gen Germania?
Nazi-Deutschland is back - alles klar!

Welch Hohn so manche Kondolation

Ebrahim Raisi verunglückte im Helikopter,
die Welt wird immer bekloppter,
statt Despoten kritisch zu betrachten,
da sie Menschenrechte verachten,
erfolgen heuchlerische Kondolenzen,
setzen ihnen Wenige gezielte Grenzen.

Geldströme bestimmen den politischen Lauf,
solch Gebaren hat auch die Politik drauf,
Diplomatie die vornehme Entschuldigung,
welch verlogene, unentschuldbare Huldigung,
der kritische Beobachter sich nur wundern kann,
kein Rückgrat, nicht heute oder irgendwann.

Solange politische Vertreter nicht aufrichtig sind,
das weiß längst jedes aufgeklärte Kind,
müssen wir über die nahe Zukunft weiterbangen,
fragend gen Himmel blickend, traurig befangen.
Manch Pathos, Moral, Ethik bleibt auf der Strecke,
drum, du Despot, du Schlächter, verrecke!

Welch Qual jene Europawahl

Europa hat nunmehr gewählt,
die Union stärkste Kraft hierzulande,
der Blick daher ziemlich gequält,
die Nazis mit Stimmengewinn, oh Schande.

Die Grünen am meisten Federn ließen,
die Sozen ihr höchstes Tief,
zum Haare raufen und Verdrießen,
was lief hier wohl deutlich schief?

Einer Sahra Wagenknecht sie vertrauen,
die von Frieden faselnd lamentiert,
über Putins Verbrechen hinwegzuschauen,
dekadent und völlig ungeniert.

Die Linke gänzlich einbricht,
die Liberalen sich dennoch feiern,
das Ganze schräg besticht,
Ursula möchte wohl erneut leyern.

Europa hat es schwer in diesen Zeiten,
zumal Despoten bösartig einfach warten,
ihre Herrschaft gezielt vorbereiten,
Mutter Erde verkommt als fauliger Garten.

Wenn die Wirklichkeit Ideale überschattet

Wir hören Rockmusik in all ihren Facetten,
aber Putin überfällt die Ukraine,
wir bewundern tolle Bilder in Museen,
aber Klimaaktivisten bewerfen sie mit Kartoffelbrei,
wir wählen demokratische Parteien,
aber Rechtsextreme zelebrieren ihren Haß,
wir gründen voller Freude Familien,
aber Flatrate-Sex wird angeboten,
wir fliegen in ferne, exotische Länder,
aber mißgönnen Migranten das letzte Hemd,
wir lesen uns durch Bibliotheken,
aber in Talkshows werden rechte Medien empfohlen,
wir feiern ausgelassen christliche Feste,
aber Obdachlose werden angezündet,
wir beäugen kritisch das Bürgergeld,
aber Großkonzerne zahlen zu wenig Steuern,
wir fordern alle eine friedliche Welt,
aber letzlich regiert immer über allem das Geld.

Wenn der Haussegen schief hängt

Die Familie kannst du dir nicht aussuchen,
manchmal sowas zum Verfluchen.
Doch mach das Beste draus,
egal ob Neid oder einfach Graus.
Denn willst du friedlich leben,
hast du einiges zu vergeben.

Beispiele genügend vorhanden sind,
das weiß längst fast jedes Kind.
Mit Blick zur britischen Königsfamilie
verwelkt inzwischen gar manch Lilie.
Ob das so tatsächlich gewollt,
gar künstlich herbeigeholt?

Lady Di hätte so gar keine Freude,
erst recht nicht mehr heute!
Was Königin Camilla sich erdreistet,
entschlossen herrschaftlich leistet,
hätte Harrys Mutter zur Weißglut gebracht,
im Königshaus heftigen Streit entfacht.

Die Stiefmama erfüllt dabei ihre Rolle,
auf daß sie stoisch weitergrolle.
Harry bleibt besser vorerst in den USA,
das ist Beobachtern hierbei klar.
König Charles hat somit kein tolles Los,
plötzlich erkrankt, obendrein der Ärger groß.

Wer stoppt solche Despoten?

Nichts als Lügen vor der UN,
man möchte' darüber flenn',
die Russland zum Besten geben,
nach Imperialismus streben,
so deren despotische Doktrin.
Welch dramatischer Sinn!

Fakenews haben längst Hochkonjunktur,
ein gefährlich politischer Schwur,
der die Welt ins Chaos stürzt,
wie ein mieser Koch sie würzt.
Alles nur um eigene Macht zu erstreben,
ignoriert dabei unser friedliches Leben.

Solange die Welt die Putins nicht stoppt
und solch einer die Menschheit foppt,
darf globale Politik nicht an Frieden glauben,
wird Waffengewalt sich immer höherschrauben,
bis am Ende nur eine Lösung greift.
Ob die Diplomatie dies ernsthaft begreift?

Wie lange noch?

Die Kleinen hängt man,
die Großen lassen wir laufen,
zum Haare raufen,
wer zieht an welchem Strang?

Der größte Verbrecher im Land,
ganz trotzig und plump,
jener blonde Dolle, der Trump,
bringt uns allen viel Schand.

Was sollen all diese Despoten?
Die Welt braucht sowas nicht,
sie vertreiben oberste Pflicht,
haut ihnen kräftig auf die Pfoten!

Mensch wach endlich auf,
bevor noch mehr Leid geschieht,
die Moral vor der Bosheit flieht,
was für ein gefährlicher Lauf.

Was hat uns die Geschichte gelehrt,
wenn sie einfach wird ignoriert,
Mensch weiterhin zuviel verliert?
Dies zu ändern, niemals verkehrt!

Wider die Logik

Es rauschen manch Winde
übers Land,
ungebremst, viel zu lang,
während Regenmassen
ihnen einfach folgen.

Mensch schaut
ahnungsvoll zu,
der Ursache bewußt,
ohne Konsequenzen
daraus zu ziehen.

Es fließen Gelder
gezielt in Taschen,
vor lauter Gier,
während Leid und Elend
den Alltag bestimmen.

Mensch ignoriert
jene Verbrechen,
Würde sei unantastbar,
Reichtum ein Schutz,
Armut ein lästiges Muß.

Zu heiße Luft von manch Schuft

Formulierungen auf die Goldwaage legen,
das vermag das politische Gegenüber,
des Volkes Zorn,
jeder unbedachte Heißsporn,
wenn Politiker sich äußern,
die in der Regierungsverantwortung,
im chaotischen Alltag,
besonders in Krisenzeiten,
aber anstatt mal gewisse Mediä zu rügen,
möchten welche sich gezielt damit begnügen,
ihren bösartigen Hohn auszuleben,
mit konstruktiver Kritik hat's nichts zu tun,
so verhält sich das eben – und nun?!

Ebenso bei BoD erschienen:

Hrabans geheimnisvolle Reise zum Kontinent des Lächelns – 19 Kurzgeschichten

Irrwege ins Chaos – und andere Gedichte

Wenn der Winter anklopft – und andere Gedichte

Advent, Advent, ein Wichtel flennt – und andere Satiren

Wandel bei Politik und Klima – alles prima? – und andere Satiren

Schmeiß den Motor an, wir müssen fliehen – und andere Satiren

Silvio scheitert an Gipsy – und andere Kurzgeschichten

Ein neuer Tag beginnt - und andere Gedichte

Inselkoller - Roman

Gipartexx – *Begegnung mit einer unbekannten Spezies* - und andere Kurzgeschichten

Lotar Martin Kamm, Jahrgang 1957, geboren in Tübingen, als Kleinkind aufgewachsen in Schottland, gelernter Möbelschreiner, gearbeitet als Bühnentischler, Holzbildhauer, lebt im Oberbergischen Kreis, betreibt den WordPress-Blog *Makadomo*.